Ursula und Norbert
Grundmann

Gedichte
Poesie mit Pinsel

Verlag:
Books on Demand GmbH,
Norderstedt

Bibliographische Information der Deutschen Nationalbibliothek:
Die Deutsche Nationalbibliothek verzeichnet diese
Publikation in der Deutschen Nationalbibliographie;
detaillierte bibliographische Daten sind im Internet über
http://dnb.ddb.de abrufbar.

© 2007 Ursula Grundmann
Herstellung und Verlag: Books on Demand GmbH, Norderstedt.
Covergestaltung, Satz, Layout und Illustrationen: Ursula Grundmann.
Gedichte: Ursula und Norbert Grundmann (Seiten 15, 18, 26, 27, 28, 38, 39,
40, 42, 46, 53 und 61.
ISBN-13: 9783837003772

Inhalt

Das Gedicht

In meinem Kopf, ich glaub' es nicht,
sitzt ein komisches Gedicht:
Es krabbelt los und wird dann schneller
noch dunkel erst, dann immer heller,
entdeckt es, was es sagen will,
ich bin derweilen ganz schön still
und warte, bis die Worte reifen,
um sie dann endlich zu begreifen,
sie einzukreisen, sie zu packen,
zu ziehen, zerren, zu zerhacken,
zu ordnen, um sie zu zerpflücken,
und dann, in vielen kleinen Stücken
ein Ganzes erst daraus zu machen.
Ich liebe keine halben Sachen.

Ich und du

Wo komm ich her?
Wo geh ich hin?
Ich weiß bis jetzt nicht,
wer ich bin.
Nur ich bin ich,
nur du bist du.
Und du bist ich,
doch nicht für mich.
Und ich bin ich,
doch nicht für dich.
Weißt du am Ende
wer du bist?
Ein Ich,
das du gewesen bist.

Goethe

Ich ging in Frankfurt durch die Stadt,
wie's vor mir Goethe auch schon tat.
Heut sieht ja alles anders aus,
nur nicht sein altes Goethe-Haus.
Dort, nach dem Eingang, sieht man gleich
des Goethen Mutter Ajas Reich.
Da hängen Töpfe und auch Pfannen,
steh'n alte, schöne Kaffeekannen,
das alles von antikem Wert
genauso wie der Kohlenherd.
Die Treppe rauf, da wird es lichter,
saß unser guter alter Dichter.
Die Zimmer waren klein und niedlich,
denn das war zu der Zeit so üblich
und für das Denken einerlei:
Gedanken sind bekanntlich frei.

GROSSER HIRSCHGRABEN

Nach Hause

Still steht der Turm und leuchtet hell
aufs weite, dunkle Meer.
Der Käpt'n sieht's und fährt so schnell
es geht; die Heimat kommt jetzt näher.

Er funkt nach Haus zu seinem Schatz:
nun bin ich bald daheim,
wärm mir schon mal den Ofenplatz
und öffne roten Wein.

Die Fahrt war schwer, die Fahrt war lang,
doch hat es sich gelohnt.
Nach dir, mein Schatz, war mir so bang,
ich bin dich so gewohnt.

Die Antwort kommt nicht, und er denkt,
sie hat grad' keine Zeit.
Schaut noch einmal auf sein Geschenk:
ein goldenes Geschmeid.

Es ist soweit, der Lotse kommt, sie legen sicher an.
Er eilt nach Haus, das Licht ist aus: was das bedeuten kann?
Es schaudert ihn an diesem Ort -
bis erst die Schlüssel passen!
Im Flur ein Zettel: ich bin fort.
Ich habe dich verlassen.

Der Spieler

Der Spieler steht am Automat
und wirft die Münzen ein.
Ob er etwas gewonnen hat?
Ich denke eher: nein.

Es rollt und rappelt, klingt und knallt,
er holt sich noch mehr Geld.
Die Münze in dem Kasten hallt
wenn sie hinunterfällt.

Er wirft und tippt und spricht dabei
andauernd vor sich hin.
Das ist vielleicht 'ne Zockerei,
so völlig ohne Sinn!

Doch halt, er hat ja jetzt gewonnen!
Fanfaren zeigen's an,
und weiter geht's, bald ist zerronnen,
was man nicht halten kann.

Der Maler

Ich male nur noch mit Acryl,
weil Öl mir zu sehr stinkt.
Das trocknet schneller als ich will,
bevor die Sonne sinkt.

Wenn's heiß ist, muss ich schneller sein
mit Verve den Pinsel schwingen,
denn alles trocknet sofort ein,
und soll das Bild gelingen,
sollt' klar sein, wo die Tupfer sitzen
wo und wie und was genau,
so komme ich doch sehr in's Schwitzen,
dass ich die Kunst nun nicht verhau.

Ist's fertig, alles gut verlaufen,
stell' ich's ins Internet,
um's zu verkaufen,
was ich schon gerne tät.

Der Künstler

Ich mische die Farben und male auf's Blatt,
und das ganze Gemische macht mich platt.
Ich muss doch nur rühren und malen, um dann
das Bild zu verkaufen, so gut ich es kann.

Doch ist das sehr schwer, denn wer gibt schon gern
Geld aus für Künstler, die gern welche wär'n.
Und das will ein jeder, na klar, gerne sein,
genial und der Größte im Künstlerverein.

Bildverkauf

Ich male Bäume, Fische, Hühner,
mal mehr mit Blau, mal etwas grüner,
mal gegenständlich und genau,
dann wieder Chaos, grau in grau.

Die Fantasie ist dabei wichtig,
sonst geht es nicht und wird nicht richtig,
doch was ist richtig, und vor allem:
dem Käufer sollte es gefallen.

Wie er sein Haus sich selbst gestaltet,
bestimmt die Kunst, die sich entfaltet.
Auch spielen Möbel eine Rolle,
wie sich das Bild einfügen solle.

So wird der Rahmen immer enger
und mir wird bang und immer bänger,
ich muss den Pinsel mir verrenken,
an alle diese Dinge denken.

Wenn's dann gelingt, ist's pure Wonne,
ich strahle heller als die Sonne,
wenn ihm dann meine Kunst gefällt
und zähle freudig jetzt mein Geld.

Gericht

Zwei Särge gleiten ins irdische Grab.
Der Eine ist roh und unbegleitet,
der Andre schwebt unter Kränzen hinab
von trauernden, weinenden Menschen geleitet.
Doch unsichtbar für das menschliche Auge
schweben die beiden Seelen empor.
Und ob sie für's ewige Leben tauge
entscheidet die Reue vor Gottes Ohr.

So spricht der Beweinte, Betrauerte hier:
Nun ist es vollendet, ein edles Leben
hab ich geführt und versichere Dir,
hab christlich gehandelt und den Armen gegeben.
Beteuernd ruft er stolzen Hauptes,
hebt triumphierend die gierigen Hände:
Hab' nur getan, was erlaubt ist,
sprich Gott, dass ich im Himmel ende!

Daneben steht in verzweifelter Qual
der hartbestrafte, verlassene Schuft.
Oh, Gott, bebt er, verzeih nur diesmal,
denn ich habe Dich und die Menschen geblufft.
Habe Mütter beraubt,
Väter erschlagen,
der Mord drückt mein Haupt,
ich kann's nicht mehr tragen.
Er hebt beschwörend die schmutzigen Hände
und weint unter bereuendem Blick:
Ach Herr, dass ich den Abschaum des Lebens beende,
schick' mich in die tobende Hölle zurück.

Da knieet der Herr und hebt ihn empor,
den Mörder, der reuig bekannte.
Den Edlen, den schleift ein satanischer Mohr
zur Hölle, wohin Gott in verdammte.

Die Scheidung

Ein Richter sitzt am Tisch und schreibt
an einem Richterspruch.
Er weiß noch nicht genau, was bleibt
von diesem Schlichtversuch.

Er recherchierte ernst und heftig
an einer heiklen Sache,
die delikat ist und auch deftig:
die Sache mit der Rache.

Die Eifersucht ist so etwas,
ob Mann, ob Frau, groß ist die Wut,
und endet oft genug in Hass,
wenn einer wen verlassen tut.

Da wird geschossen und gestochen,
gehasst, gelogen und betrogen,
gewürgt, geschlagen und gebrochen,
des andern Konto überzogen.

Und sitzt man endlich vor Gericht,
dann schaut man sich nicht an,
sieht nicht dem andern ins Gesicht,
egal ob Frau, ob Mann.

Und vorn am Pult, da sitzt der Richter,
der soll gerecht entscheiden,
sieht in hassende Gesichter,
Gefühle soll er meiden.

Ein Fall hat sehr an ihm genagt,
war ganz besonders fies,
hat man ihm hinterher gesagt,
der Richter sei sehr mies.

Vier Mal schon sei der Mann geschieden,
vier Mal schon, von vier Fraun,
den hätte besser man gemieden,
hätt' er doch seine Fraun verhaun.

Beweise aber gab es nicht,
haben sich nie verdichtet.
Da sitzt er heut' noch am Gericht,
und sichtet, schlichtet, richtet.

Silvester

Advent, Advent, ein Lichtlein brennt.
Wer das nicht kennt, hat Weihnachten verpennt.
Das soll aber nicht mein Thema sein.
Ich denke vielmehr: Weit und breit,
da läuft was, das ist nicht so fein:
Es ist die lange, kurze Zeit.
Nun rinnt sie durch die Eieruhr
und sprintet durch das Leben,
bringt Freude, Spaß, Probleme pur,
die Zeit: Sie kann uns alles geben.
Drum ist es Zeit, die Zeit -
alleine oder auch zu zweit
laufend als Einheit zu vermessen,
um diese Zeit dann zu vergessen.
Zeitweise fühlt man sich dann so
ganz entspannt, unheimlich froh.
doch schon folgt auch der Zeitvergleich:
Schreckliches macht Kniee weich.
Zeit versetzen, das geht kaum,
ein ausgedienter Zeitentraum.
Heut ist es wieder mal so weit
und das ist einfach wunderbar,
wir nehmen uns im Kreis die Zeit
und feiern jetzt ein neues Jahr.
Gesundheit, Glück und Frieden
sei uns allen hier beschieden.

Am Kaminofen

Das Feuer brennt, es lodert hell,
das kleine Holz verbrennt sehr schnell.
Ich hole einen großen Scheit,
der sorgt für mehr Gemütlichkeit.

Ich leg' den Brocken in die Glut,
es flackert und dann brennt es gut.
Wie schön das ist, gelb, rot und weiß
jetzt wird mir langsam aber heiß.

Es stürmt nun draußen, Schnee kommt auf,
schnell noch einen Kloben drauf.
Ein Gläschen Wein, den Schatz im Arm,
da wird's mir auch ums Herz sehr warm.

Die Mutprobe

Sie waren 'ne richtige Rasselbande,
zwölf, dreizehn, vierzehn, und vom Lande.
Der Ron und die Svenja, der Kevin und Lena,
und dann noch der Mark, Antonius und Nena.

Sie machten gern Streiche, und das nicht zu knapp,
das hielt ihre Eltern und Nachbarn auf Trab.
Klein-Torge hätt' gern zu der Bande gehört,
doch das hatten sie ihm bis dato verwehrt.

Und eines Tages sagten sie: gut,
dann zeige du uns mal deinen Mut.
Klein-Torge sagte mit glücklichem Lachen:
egal, was es ist, ich werde es machen!

Nun tuschelten sie und schauten umher,
was die geeignete Mutprobe wär.
Ron war der älteste und sagte: Torge,
geh rauf auf den Kirchturm und sei ohne Sorge.

Die Uhr schlägt gleich drei, lauf jetzt schnell da rauf
und setz dich bei drei auf den Zeiger hinauf.
Da oben bleibst du dann genau zehn Minuten,
danach allerdings, da musst du dich sputen.

Um viertel nach haut dich der Zeiger hinab
und das wäre bestimmt dein sicheres Grab!
Da gab es kein Zögern, im Nu war er oben -
ach, was würden die ihn nachher wohl loben!

Er findet die Öffnung und klettert hinaus -
mein Gott, ist das hoch, dieses christliche Haus!
Sieht nur auf den Zeiger und bloß nicht hinab,
sonst schwindet der Mut und er läßt wieder ab.

Der Drei-Uhr-Schlag läßt den Kirchturm erbeben,
Klein-Torge hat jetzt doch Angst um sein Leben.
Doch das ist das Letzte, das darf er nicht zeigen,
muss so schnell wie es geht den Zeiger ersteigen.

Und schwupps sitzt er oben, es schmerzt ihn das Bein,
wie lange können doch zehn Minuten sein!
Die Bande steht unten und wartet vergnügt,
ob er wohl die Probe geregelt kriegt.

Der Pfarrer, der hat die Bande gesehen
wie sie von unten nach oben so spähen,
geht hoch in den Kirchturm und blickt um die Ecke
und sieht dort Klein-Torge mit heillosem Schrecke.

Die Zeit ist schon um und Klein-Torges Hemd
hängt in den Zeigern und hat sich verklemmt.
Allein kommt Torge da heil nicht mehr raus
der Pfarrer balanciert mutig hinaus.

Er packt mit Kraft und entschlossen den Jungen,
den falscher Mut auf den Turm gezwungen.
Er sagt: paß' auf, mein liebes Kind,
wenn das da deine Freunde sind,

bei solcher Bande dich bewirbst,
was machen sollst und vielleicht stirbst,
das ist für mich kein Mut-beweisen,
da bist du nur in schlechten Kreisen.

Mein Vorschlag ist, ich gehe mit dir
zu ihnen hinunter. Dann sagen wir,
wer solchen Mut hier hat bewiesen,
braucht wahre Freunde, keine fiesen.

Kinder

Die Kinder kommen, es wird laut:
das Haus ist ziemlich leicht gebaut.
Jetzt poltern sie die Treppe rauf,
zu dritt, dazu im Dauerlauf.

Und sind sie alle erst mal oben,
dann fangen sie gleich an zu toben.
Sie rasen durch die ganze Wohnung
und denken dabei nicht an Schonung.

Es rappelt, klopft, es schreit und hämmert,
solange, bis der Abend dämmert.
Kommt dann die Mutter, holt sie ab,
dann sind sie immer noch auf Trab.

Und sind sie weg, ist endlich Ruh:
Großmutter macht die Augen zu,
setzt sich auf's Bett und legt sich nieder:
die Enkel kommen morgen wieder!

Liebe

Der Sommer kommt, der Sommer geht.
Für's Leben ist es nie zu spät.
Ist das nur, mein lieber Schatz,
wieder so ein dummer Satz?
Ich stehe jeden Morgen auf,
bin gut, und manchmal schlechter drauf.
Sobald die Müdigkeit verfliegt,
ist das, was immer überwiegt,
das Ja zum Leben und zu Dir -
wie schön, mit Dir, im Jetzt und Hier!

Freunde

Wir essen gern, wir essen gut:
was sicher nicht ein jeder tut.
Und unsere Freunde sind wie wir,
sind wir zusammen dann wir vier
und zehn Minuten hier gesessen,
dann reden wir schon übers Essen.

Freundschaft

Am ersten Tag in der Fünf a,
war meine Freundin Inge da.
Gleich vorne, an dem Lehrerpult,
war'n wir zusammen eingeschult.

Von Anfang an da war's als hätte
man uns verbunden wie 'ne Klette.
Das ist gut vierzig Jahre her,
mir ist's, als ob es gestern wär.

Und wird ein Treffen ausgemacht,
da wird gegickelt und gelacht,
als hätt's die Jahre nicht gegeben
in unserem Erwachs'nenleben.

Das ist sehr schön, und sicher selten,
dass Freundschaften so lange gelten
und halten wie in Jugendjahren,
wir beide haben es erfahren.

Nichts kann uns trennen, denn wir beiden
kennen uns gut und mögen uns leiden,
das war so, das ist so und wird auch so sein
bis ins hohe Alter, bis eine allein.

Hochzeitstag

Und sie saßen und aßen und schwiegen dabei,
denn heute war wieder der fünzehnte Mai.
Ihr Hochzeitstag war's und so saßen die zwei
im Stammlokal Burg nahe der Loreley.

Früher, als sie dicht zusammenlagen,
da hatten sie sich noch was zu sagen.
Distanzen entstanden wie so oft im Leben,
sie hatten sich immer weniger zu geben.

Sie blieben zusammen trotz allem, die beiden,
irgendwie konnten sie sich immer noch leiden.
So gingen die Jahre in Gleichmut vorbei,
wie einmal im Jahr der fünzehnte Mai.

Die Schwiegermutter

Das Leben
ist eben
ab und an
gar nicht lang.
Weil nicht alles in Butter,
stirbt Schwiegermutter.
Nach langer Lebensfron
dem Schicksal zum Hohn:
Das freut den Schwiegersohn.
Nach der Beerdigung,
da ist die Trauer jung.
Zu Hause angekommen,
da wird es ihm beklommen:
Ein Ziegel fällt vom Dach
ihm auf den Kopf, und ach,
ruft er benommen:
"Bist du schon oben angekommen?"

Der Hausfreund

Von der Arbeit hartem Job
kommt er nach Hause, fragt sich ob
hier nicht vielleicht was stattgefunden,
während er sich dort geschunden.
Es kommt ihm etwas spanisch vor,
Geräusche dringen an sein Ohr.

Das ist aber gar nicht nett,
es scheint, sie kommen aus dem Bett.
Langsam steigt in ihm die Wut,
steigert sich zu größtem Mut.
Schatz, ruft er, es brennt, es brennt,
alles aus dem Hause rennt.
Da schreit es heiser, dumpf und krank:
Rettet den Schrank, den Schrank...

Beim Arzt

Hier steht der Herr Doktor,
dort der Patient.
Erster zieht ein Gerät übers Ohr,
zweiter sein Hemd.
„Nun, Müller", hört man den Ersten fragen,
„ach, Doktor", dann den Zweiten klagen,
„wenn ich schlucke, muss ich husten,
durch die Nase furchtbar pusten,
wenn mein Asthma vorn mich sticht;
hinten drückt mich oft die Gicht,
so dass ich dann an keinem Tage
einen rechten Stuhlgang habe."
„So, so", analysiert der Herr Doktor
und drückt sein Horchgerät ins Ohr.
„Dann atmen Sie mal kräftig ein" -
er horcht und klopft und läßt's wieder sein.
Nun bastelt er am Hörgerät
und sagt dann etwas aufgeregt:
„Mal kräftig aus der Lunge pusten
und durch beide Flügel husten!"
Verdammt, kein Lebenszeichen ist zu hören.
Allmählich beginnt es ihn zu stören.
Die Luft bringt den Patient in Glut,
das Husten und Pusten in maßlose Wut -
„entweder", schreit der Arzt, vor Zorn ganz rot,
„ist dies Ding kaputt, oder Sie schon tot!"

Die rote Ilse

Zwei Frauen steh'n am Gartenzaun,
die eine blond, die andre braun.
Frau Vogt, so heißt die blonde Frau,
sagt, ich weiß es doch ganz genau,
mit wem's die rote Ilse treibt,
und wo sie abends immer bleibt!

Nun, sagt die Braune - sie heißt Grimm,
das ist doch alles halb so schlimm!
Ich weiß auch, wo sie abends ist,
warum ihr Mann sie nicht vermißt!
Im „Storchen" war ich, um halb zehn,
da habe ich sie dort geseh'n,

alleine hinterm Tresen steh'n,
wenn Sie da einmal mit mir geh'n,
dann seh'n Sie, was sie da so tut,
und wissen, das ist wirklich gut.
Sie hat 'ne Menge um die Ohren,
ihr Mann hat seinen Job verloren.

Drum schenkt sie jetzt im "Storchen" aus
und kommt deshalb so spät nach Haus.
Frau Vogt wird rot und schämt sich jetzt,
hat schon das halbe Dorf verhetzt
Gerüchte in die Welt gesetzt,
die rote Ilse sehr verletzt.

Meine Putzfrau

Ich habe eine Frau bestellt,
die mir den Haushalt macht,
das tut sie gegen gutes Geld,
sie findet, Bargeld lacht.

Nun hab' ich länger den Verdacht,
dass irgendwas nicht stimmt,
dass sie da noch was andres macht,
sich Sachen von mir nimmt.

Einmal, da mach' ich früher Pause,
will wissen, hab' ich recht gelegen,
pack' meinen Kram und fahr nach Hause,
komm rein, da kommt sie mir entgegen.

Frisch onduliert und parfümiert,
kommt sie aus meinem Bad
dass die Person sich nicht geniert,
mich so betrogen hat!

Aus meinen Tiegeln, Tuben, Töpfchen,
da hat sie sich bedient,
verschönert sich und auch ihr Köpfchen
und steht noch da und grient.

Jetzt reicht es mir, ich werde laut,
und sag', Sie können gehn,
wer mich in meinem Haus beklaut,
den will ich nicht mehr seh'n!

Nun mach ich lieber selber sauber,
das schont mein Portemonnaie,
denn einen solche Hüttenzauber,
den brauch ich nicht, nee, nee.

Beim Gynäkologen

Ich musste ganz dringend zum Gynäkologen,
war dafür nicht ganz adäquat angezogen.
Ich steckte in Stiefeln aus Stretch rund um's Bein,
zog ich die mal aus, kam ich kaum wieder rein.

So zog ich sie aus und die Strümpfe und zerrte,
bis er mich dann fragte, wie lang das noch währte.
Das Ausziehen müsse ja doch einmal enden,
er hätte ja schließlich noch and're Patienten.

Die Stretchstiefel reichten mir bis zum Knie,
die Füße rochen darin, aber wie!
Von Hause aus bin ich überaus reinlich,
deshalb war mir das unsagbar peinlich.

Ich wollte nicht raus aus meiner Kabine,
musst' dann aber doch und verzog keine Miene.
Die Stiefel halb an und der Kopf puterrot.
Ich kam mir schon vor wie der größte Idiot.

Die Stiefel hatte ich jetzt nur halb an,
oh je, was dachte von mir dieser Mann?
Ich schlurfte zum Stuhl und riss ihn fast nieder,
der Gynäkologe, der sieht mich nie wieder!

Erst Jahre später erzählte ich Inge,
der besten Freundin all' diese Dinge.
Ich konnt's kaum erzählen, vor lauter Lachen
mussten wir uns noch in die Hosen machen.

Musik

Ich hör' Musik, die ist so laut,
dass es mich fast vom Hocker haut.
Das würd' ich gerne ändern, doch
sie kommt vom Nachbarn, dem Herrn Bloch.

Dreimal schon hab' ich Sturm geschellt,
da hat auch noch sein Hund gebellt.
Was für ein höllisches Konzert,
mit dem mich dieser Mann beehrt!

Wie kann ich's diesem Mann nur sagen,
das ist ja nicht mehr zu ertragen.
Soll das die Polizei nun klären?
Ich kann mich ja nicht anders wehren!

Die lange Rolle Faxpapier
ist vielleicht die Lösung hier!
Ich schreibe ihm: Herr Bloch, Sie stören,
kann mein eignes Wort nicht hören.

Lassen Sie doch bitte nach
mit dem infernalen Krach!
Den Zettel durch die Tür geschoben
und schon ist Schluss mit diesem Toben!

Es klopft, und vor der Tür steht Bloch:
Bitte, so glauben Sie mir doch -
Der Hund, der war zu Haus allein
und schaltete das Radio ein.

Was sollt' ich sagen? Er war nett,
recht hübsch und überhaupt nicht fett,
versprach mir Schonung für mein Ohr,
da schieb' er einen Riegel vor.

Lud mich zum Italiener ein,
zu Pizza und Chiantiwein.
So kam es letztlich, dass ich doch
zusammenlebe mit Herrn Bloch.

Dupuytren

Hat man denn sowas schon geseh'n?
Ein Finger namens Dupuytren -
das heißt, so heißt vielmehr der Mann,
von dem diese Entdeckung kam.

Ein Handchirurg sagt mir, ein Gen
des Ur-Ur-Ahnes macht es genehm,
dass ich den krummen Finger hab' -
nein, nein, er muss doch nicht gleich ab!
Schnell operieren, so dass er
'ne ganze Weile grade wär?

Doch schnell, bald, lieber heut' als morgen.
Das machte mir schon große Sorgen.
Mach' ich es nicht, die Zeit wird knapp,
dann muss der Finger wirklich ab.

Ein Jahr, doch auch zwei Wochensummen,
so könnt der Finger ganz verkrummen,
ich in die Hosentasche fasse,
der Finger sich nicht strecken lasse,
und dann die Hand sich nicht mehr löse,
das wäre schließlich wirklich böse.

Ich denke hin, ich denke her,
was denn nun wohl das Beste wär.
Der Finger bleibt so wie bisher
verbiegt sich nur ein wenig mehr.
Und nach drei Jahren treff' ich dann
den andern Arzt, ein netter Mann,
der meint, dass er mir helfen kann.

Es sei ja gar kein Dupuytren,
das habe er doch gleich geseh'n.
Ein Rheuma-Trauma sei's vielleicht,
was ein Röntgenfoto zeigt.

Die zeigt es gleich und nicht in Wochen:
es ist der Mittelfingerknochen!
Arthritis sitzt da, nicht zu knapp -
nun muss der Finger doch nicht ab.

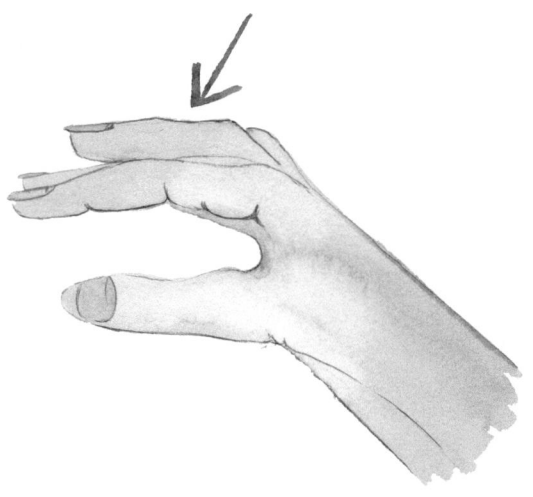

Fliegen

Ich flieg so hoch hinaus wie nie,
Baumwipfel streifen meine Knie.
Dann tauchen hohe Berge auf,
zerklüftet und mit Schnee zuhauf.

Die Schluchten sind hier äußerst schmal,
dahinter öffnet sich ein Tal.
Ich gleite runter, Richtung Wiesen,
verlasse diese Bergesriesen.

Jetzt seh' ich Wasser, Brandung, Wellen,
die rasend schnell ans Ufer schnellen.
Das ist ein ungestümes Toben,
das Meer hat sich mit Kraft erhoben.

Ich flieg' drauf zu mit Unbehagen,
und soll ich nun die Wahrheit sagen?
Mein Fuß berührt der Wellen Schaum:
ich wache auf aus meinem Traum.

Das Meer 1

Das Meer: es brüllt und tobt und rauscht.
Die Wellen sind weiß aufgebauscht.
Sie werden hoch und immer höher,
gehn auf und nieder und sind eher
wie Berge, die wachsen und vergehn.
Ich könnte hier noch Stunden stehn.

Das Meer 2

Das Meer ist wild und dunkelgrün.
Die Gischt zischt weiß und brüllt.
In ging, es nahe anzusehen
das schaurigschöne Bild.
Der Wind kam schnell und kühl daher
das weite tiefe dunkle Meer
war ein grandioses Tosen.
ich stellte mich grad in die Gischt
und holt' mir nasse Hosen.

Das Meer 3

Das Meer wogt wild, geht hoch und nieder
die Brandung tobt, es brüllt die Gischt.
Das Wasser geht und kehrt gleich wieder.
Der Wind schlägt fauchend ins Gesicht.
Die Wellen wogen, wirbeln, wallen,
der Sand spült fort und färbt die Flut,
dazwischen leuchten Feuerquallen
die find ich aber gar nicht gut.

Der Fels

Ein Gebirge hier,
ein Meer darunter,
und ich bestaune mit Begier
den Felsen wie ein Wunder.

Er hebt sich majestätisch in die Lüfte,
der Wind pfeift um ihn schwer,
er strotzt vor schroffstem Geklüfte,
darunter braust das Meer.

Würd' dieser Felsen nun,
von irdischen Kräften bestritten,
ich weiß, das würd' er niemals tun,
hinab ins Wasser flitzen.

Das möcht' ich sehn' Mensch,
würd' **das** spritzen!!!

Grönland

Heulend hohe Himmelslust
schauert schier der Welle Brust.
Über Meeresklippen geil
fegt des Windes zirrer Pfeil.
Leerer Ätherdunst umwebt
Flächen, wo das Weiße steht.
Wo des Todes Auge stiert,
blaugrünes Eis die Brut gebiert,
markschneidender Atem schreit
durch die weiße Schweigsamkeit,
deren kalte Todesaugen
schlecht zu warmem Leben taugen.

Polarschweiß

Ein Eisbär auf dem Eise sitzt
und trotz des Eises tüchtig schwitzt,
bis ihn ein Eskimo erspäht,
der frierend auf dem Eise steht.
Der nimmt die Flinte, schießt mit Schrot.
Der Bär fällt um, denn er ist tot.
Im Bärenfell, nun stark erhitzt,
sitzt unser Eskimo und - schwitzt.

Erkenntnis

Still in der Dämmrung ruhet der Teich -
der Mond schwebt empor und spiegelt sich bleich.
Unruhig zittert des Teiches Haut
und verschleiert den Mond, der hineingeschaut.
Ganz friedlich, zu des Teiches Linken,
versucht ein Stern, dem Mond zu blinken,
bis beide sich schmeichelnd im Wasser vereinen,
um nun gemeinsam den Teich zu bescheinen.

Und mitten in des Lichtes Frieden
wird Unruhe dem Teich beschieden,
als schwere, schwarze Wolkenfetzen
in grauer Pein nach Norden hetzen,
gefolgt von tiefem Donnerrollen
und Blitzen, die ihm helfen sollen,
die Nacht in Fratzen zu zerreißen,
die giftgebläht ins Wasser beißen,
nur um an seiner Oberflächen,
Friedlichkeit und Stille sich zu rächen.

Der Teich versucht sich aufzubäumen,
erbost lässt er die Welle schäumen,
und wirft mit Wucht und Kraft, verwegen,
die Welle höh'rer Macht entgegen.
Darauf erhebt sich wütendes Getöse
und alle Mächte strafen böse
die brüllenden tobenden Wassermassen,
indem sie die Ufer bersten lassen.

Kaum hat die Panik sich verzogen,
beruhigen sich die zerstreuten Wogen,
und ängstlich bebend liegt der Teich
in tiefem Schlummer, sanft und weich.
Ganz friedlich, zu des Teiches Linken,
versucht der Stern, dem Mond zu blinken,
bis beide sich schmeichelnd im Wasser vereinen,
um wieder gemeinsam den Teich zu bescheinen.
Und furchtbar wispert's in Sumpf und Moos:
Der Kampf gegen Mächte ist aussichtslos!

Gewitter

Sengend und brennend flimmert die Hitze.
Blütenschweiß perlet von Spitze zu Spitze.
Zwei Bienchen summen und necken sich beide
im leuchtenden Kraut der endlosen Heide.

Doch langsam schiebt sich's am Himmel empor,
schwarzweißes Gebirge von dampfenden Schwaden,
unheilvoll drohend, gespannt und geladen,
rückt mächtig und dreist die Dunkelheit vor
der Sonne hellglühende Wangen.

Der lebenden Wesen zärtlicher Blüten,
zerpeitscht von Schauer und tobendem Wind,
wo Blitz und Donner in Eintracht wüten,
erfahren durch die Mächte, wie wehrlos sie sind.

Ein strudelndes Schlammbad durchwühlt nun die Heide,
und auch die neckenden Bienchen beide
ertrinken, nachdem man summend den Nektar verzechte,
im brodelnden Chaos gewittriger Mächte.
Schon rüstet sich Tod und Verderben zum Gehen,
da lacht auch die Sonn', als sei gar nichts geschehen.

Sengend und brennend flimmert die Hitze.
Blütenschweiß perlet von Spitze zu Spitze.
Und wieder zwei Bienchen; sie necken sich beide
im leuchtenden Kraut der endlosen Heide.

Der Wald

Es heißt, der Wald, der würde schweigen.
Das kann ich nicht versteh'n.
Ich kann euch viele Stellen zeigen,
da rauscht es wunderschön.

Es wispert, zischt, es piepst und fiepst
im Baum, im Busch und in den Blättern
und wenn du still mal stehen bliebst,
hörst du das Efeu klettern.

Da rauscht der Bach und knarrt das Holz,
der Pilz schießt und der Baum schlägt aus,
die Glockenblume läutet stolz,
im Unterholz fiept eine Maus.

Dort drüben knistert's im Geflecht
und plötzlich wird gehämmert,
da sitzt ein großer, schwarzer Specht
und hämmert, bis es dämmert.

Und bleibst du bis zur Dämmerung,
dann wachen andere auf.
Kauz, Eule, Uhu kommen nun
und machen einen drauf.

Die Nacht, sagt man, hat tausend Augen,
die sehen dich besser als du sie,
die Fledermaus will Mücken saugen,
doch Geräusche macht sie nie.

In der Stadt

Die Stadt ist grell, die Stadt ist laut.
Die Menschen treibt's umher.
Beton hat alles zugebaut,
fast gibt's kein Grünes mehr.

Die Menschen hetzen, rennen, laufen
entnervt an mir vorbei.
Ich wollte eine Uhr mir kaufen,
jetzt ist's mir einerlei.

Auf dem Land

Ein Reiterhof ist nicht weit weg,
dort wo wir wohnen, gleich am Eck.
Die Hufe trappeln jeden Tag,
was ich ja sehr gern hören mag.

Das ist ja viel schöner als Straßenverkehr,
den gibt es zwar auch, doch nicht so sehr,
dass er stinkt und hupt und knattert, stört
wenn man sein eigenes Wort nicht hört.

Und kommt das mal vor,
ist's ein Traktor.

Bahnstreik

Ich geh' am Bahnsteig hin und her,
warten fällt mir schließlich schwer.
Kann nicht sitzen, kann nicht steh'n,
muss immer auf die Quarzuhr seh'n,
von vorne bis nach hinten geh'n,
von neun Uhr bis inzwischen zehn.

Züge kommen, Züge geh'n,
mein Onkel nirgendwo zu seh'n.
Das ist ein Ärger, Menschenskind,
das Einzige, was kommt, ist Wind.
Zug um Zug viel Zugluft weht,
um den, der in dem Luftzug steht.

Drei Stunden sind auch schon vorbei.
ich frag' mich, ob ich irre sei,
im Grunde sei's doch einerlei
und trete meinen Rückzug an,
genau dorthin, wo es begann:
Am Meeting-Point, da seh' ich ihn,
den Onkel, denn auch er wollt' flieh'n.
Was ist passiert, frag' ich gereizt,
und auch der Onkel spricht gespreizt:
Die Bahn, die streikt, und mit Verdruss,
nahm dann mein Onkel einen Bus.

Nur ein Glas

Der Arzt, der sagt ihm, nur ein Glas,
trinken Sie mit etwas Maß,
dann wird es auch, Sie werden seh'n,
Ihnen bald schon besser geh'n.

Der Mann, der tut das, über Wochen,
er hat es so dem Arzt versprochen.
Und zu dem nächsten Arzt-Termin
geht er dann brav auch wieder hin.

Na, sagt der Arzt, wie geht's Herr Weber,
was macht denn Ihre Rotweinleber?
Hat's funktioniert, das mit dem Glas,
dann merkt auch Ihre Leber was.

Nun ja, Herr Doktor, sagt Herr Weber,
dann schau'n Sie mal nach meiner Leber.
Getrunken hab' ich nun mit Maß,
wie Sie's mir sagten: nur ein Glas.

Als er die Werte holen kann,
da meint der Arzt, mein lieber Mann,
von einem Glas, da kommt das nicht,
was lügen Sie mir ins Gesicht?

Jetzt guckt Herr Weber sehr betroffen,
hat er denn doch so viel gesoffen?
Okay, sein Glas faßt eine Flasche -
das ist des Trinkers Lügenmasche!

Der Braten

Ich kochte was, und fand's schon gut,
wie's meist so ist, wenn man das tut.
Natürlich braucht man dazu Wein,
dann wird die Sauce extra-fein.

Die rote Rebe schnell entkorkt,
den Braten hatt' ich schon besorgt.
Ich würzte ihn und briet ihn an,
ob man den Wein wohl trinken kann?

Ein Schluck ins Glas, und schnell probiert,
ob's mit dem Fleische harmoniert.
Ich bin nicht sicher, noch ein Glas!
Hat der Korken, oder was?

Ach Gott, das Fleisch wird dunkelbraun
jetzt muss ich schnell erst danach schaun,
nicht, dass es brät und mir missrät,
zerfällt und auseinandergeht,
und hart wird und dann nicht mehr schmeckt
weil ohne Wein und nicht bedeckt.

Hat er nun Korken oder nicht?
So' n Essen ist doch ein Gedicht,
vor allem, wenn man's richtig macht,
mit Wein, mit Würze und Bedacht.

Ich wachte auf, weil alles stank
verdorben hatte es der Trank,
den ich nicht ins Gefäß gegossen,
stattdessen selber voll genossen.
Der Braten schwarz, die Flasche leer,
dieses Rezept mach ich nicht mehr.

Zu Hause

Ich schneide Lauch in feine Ringe,
das ist der Brauch, der Lauf der Dinge.
Karotten und auch Sellerie
die fehlen in der Suppe nie.

Die Mutter sagte: Sellerie
schneidest du am besten nie
wenn er noch rund und fest und dick
ist, unhandlich und ganz am Stück.
Schneid' Scheiben ab, die man sodann
von ihrer Schale lösen kann.
Die Stückchen schnell geschnitten sind,
so geht es leichter, liebes Kind.

Schon Mutter und die Großmama
machten es so und waren da
althergebracht wie man's so macht
für eine Suppe, die zur Nacht
bei kaltem Wetter wärmen soll
mit Brot und einem Teller voll
Gemüse, Brühe und auch Wurst,
die machte satt, aber auch Durst.

Dann saßen wir noch da, wir vier,
und tranken Saft, Papa ein Bier.
Und nach dem Abwasch noch ein Spiel
Mensch ärgere dich nicht allzuviel,
das war doch meistens noch ganz nett
und so um zehn rum ging's ins Bett.

Kartoffelsuppe

Kartoffeln schälen mag ich nicht.
Und dabei ist mein Leibgericht -
Kartoffelsuppe! Ist doch klar,
dass das vorauszusehen war.

Nun steh ich hier allein und schäle
Kartoffeln fein von ihrer Pelle.
Karotten und auch Sellerie
sind dabei mit von der Partie.

Ein riesengroßer Topf muss her,
dann mache ich gleich sehr viel mehr,
um's dann schön sämig zu pürieren
und hinterher gleich einzufrieren.

Nun muss ich mich nicht so oft quälen,
um's leidige Kartoffelschälen.
Und will ich Suppe, hol ich mir
'ne Dose aus der Frierschranktür!

Sauerkraut

Ein großer Topf mit Sauerkraut,
der steht auf meinem Herd,
dass das mir durch die Därme haut,
das ist es mir schon wert.

Es schmeckt so sehr, doch bläht es auch:
ein schönes Winteressen.
Dann sitz' ich da mit dickem Bauch
und hab' mich überfressen.

Der Hirsch

Ich ging alleine durch den Wald.
Es war Dezember und sehr kalt.
Der Mond schien auf die Lichtung,
es war wie in der Dichtung.
Da steht ein kolossaler Hirsch
beäugt vom Jäger auf der Pirsch.
Der hat die Büchse angelegt,
ganz still, dass sich auch nichts bewegt.
Er zielt und trifft: es knallt der Schuss;
Wildbraten ist ein Hochgenuss.

Morganatischer Hirsch

Er kam auf seiner kurzen Reise
vom Waldesrand zu einer Schneise,
vorbei an einer bunten Kuh.
Die warf ihm schöne Augen zu
und lockte ihn mit dunklen Tönen -
wie alle diese bunten Schönen.

Er war ein „hochgeweihter" Hirsch,
nach einer Dame auf der Pirsch,
die ihn im letzten Herbst beseelte,
doch dieses Jahr den Reiz verfehlte,
mit Blicken und mit andren Dingen,
den Hirsch in ihren Bann zu zwingen.

So stand er auf der grünen Wiese
und sah die schwarzgefleckte Liese
mit hirschverliebten Augen an,
bis sie ihr Liebesspiel begann.
Er sah das prallgefüllte Euter,
er dachte dies und jen's und weiter,
bis sie an seine Brunst ihn rührte
und ihn mit aller Kunst verführte.

Es kam der Augenblick in Gang,
wo er aus seiner species sprang
und eine neue Gattung zeugte. -
Als sie die Mutter-Kuh beäugte
war es um Monate zu spät.
Die Ursache am Waldrand steht -
die Wirkung auf der Wiese
bei ihrer Mutter Liese.
Der Vater Hirsch, die Mutter Kuh,
daraus entstand die Hirschkuh-Kuh,
nun steht sie da, drei Monat alt,
die neue Gattung: Hirsch-Kuh-Kalb,
bei ihrer Mutter Liese,
Als Adamsfall auf einer Wiese...

Der alte Frosch

Ich ging mal wieder durch den Wald,
es war nicht warm und auch nicht kalt.
Die Bäume grün, das Moos ganz weich
ein alter Frosch durchschwamm den Teich.
Am andern Ufer angekommen
hat er sich etwas Zeit genommen,
bis eine Fliege vor ihn flog,
die flugs er mit der Zunge sog.
Zufrieden schwamm er dann zurück
und schmatzte voller Jägerglück.

Mein Kätzchen

Mein Kätzchen ist ein süßer Schatz.
Sie nimmt sich, was sie will.
Stets liegt sie auf dem besten Platz,
und gibt mir das Gefühl,
was sie so macht, ist eine Gnade.
Ich schweige dazu still.
Und wenn ihr danach ist, gerade,
dann muss man schmusen, wann sie will

Sie ist so eine kleine Süße,
hat schwarze Ohr'n und weiße Füße,
sonst ist sie schwarz, der Hals ist weiß,
wie frisch geschälter Patnareis.

Wenn sie da sitzt, die Ohren spitzt,
mit grünen Augen auf mich starrt,
dann weiß ich gleich, und auch gewitzt,
worauf sie nun so harrt.
Wird ihrem Wunsch nicht gleich entsprochen,
dann setzt sie Nachdruck rein:
kommt immer näher angekrochen,
drückt fest sich an mein Bein.
Sie gibt so lange keine Ruh,
noch lauter wird ihr "Mau",
bis ich dann das Gewünschte tu,
als liebe Katzenfrau.

Nachtmusik

Ich ließ das Fenster auf zur Nacht,
ich liebe frische Luft.
Dann bin ich plötzlich aufgewacht
von einem fremden Duft.

Da lag in meinem linken Arm
mit Schnurren und mit Beben
des Nachbarn Kätzchen, weich und warm.
Ein süßes, kleines Leben.

Gassi gehn

Der Nachbar kauft sich einen Hund,
er findet, das sei sehr gesund.
Muss er doch morgens früh aufsteh'n
und mit dem Tierchen Gassi geh'n.

Auch mittags drückt die Hundeblase,
er stubst das Herrchen mit der Nase
und holt die Leine, das soll heißen,
er will nicht in die Wohnung scheißen.

Das Herrchen folgt, und nimmt den Hund
denn, wie gesagt, es sei gesund,
ein paar Mal täglich rauszugehen
und Runden um das Haus zu dreh'n.

Die immer gleiche Prozedur
folgt dann am Abend, und die Uhr
kann er schon danach stellen,
dann fängt das Hundchen an zu bellen.

Spät abends ist das Herrchen müde,
doch nicht sein Hund, das ist ein Rüde.
Er muss noch einmal vor der Nacht,
damit er nicht ins Zimmer macht.

Dass dann der Hund, wenn er muss, bellt,
hat Herrchen sich nicht vorgestellt.
Raus kann er nicht nach seiner Nase,
es geht schon nach der Hundeblase.

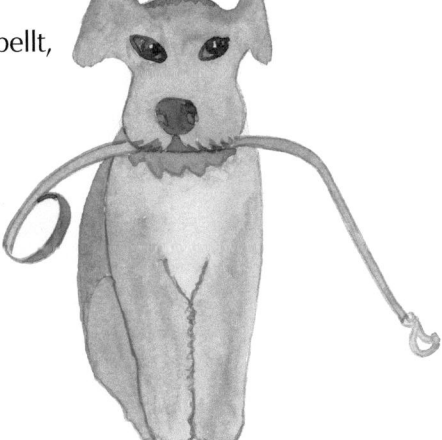

Die Maus

Ein Mann, der hatte eine Maus,
die sah auch ganz possierlich aus.
Doch eines Tages war sie weg,
da kriegt er einen Riesenschreck.

Wo ist sie nur? Vielleicht im Keller?
Er macht sich Licht, dann wird es heller.
Er findet nichts, und geht nach oben,
da hört er's auf dem Speicher toben.

Er holt sich erst mal eine Leiter,
dann steigt er Stuf' um Stufe weiter.
Hier oben war er lange nicht,
alles voll Staub und ohne Licht.

Da, hört er's wieder, so ein Rumpeln,
stößt an und kann jetzt nur noch humpeln,
der Boden voll mit alten Sachen,
hier müsste man mal Ordnung machen!

Schon wieder: knirsch und zisch und bumm,
vor Schrecken fällt er beinah um,
geht weiter und ist auch ganz leise,
da sieht er viele, viele Mäuse!

Und mittendrin ein Mäusemann,
ganz stattlich, wie er sehen kann.
Daneben sitzt, er sieht's genau,
die ausgeriss'ne Mäusefrau.

Du liebe Zeit, denkt er, verflucht -
den hat sie öfter schon besucht!
Die Lösung ist doch nicht so schwer,
jetzt muss schnell eine Katze her.

Er holt im Tierheim sich ein Kätzchen,
das macht auch keine langen Mätzchen,
befreit den Boden ziemlich schnell
von Mäusen samt dem Mäusefell.

Die Katze hat ein dickes Ränzchen,
aus ihrem Maul hängt noch ein Schwänzchen,
sie ist jetzt satt, der Mann ist froh,
behält sie nun bis ultimo.

Der Hund

Ein Mann, der ging mit seinem Hund.
Man sagte ihm, das sei gesund.
Da er sich in die Tasche log
und dabei nicht den Hund erzog,
war's leider doch nicht so gesund,
wer's Sagen hatte, war der Hund.

Naja, der Hund erzog den Mann,
und dann, wie man sich denken kann,
kam's unvermeidbar wie ein Sog:
der Hund, der zog, der Mann, der flog
genau vor einen Unimog,
der grade um die Ecke bog.

Der Fahrer war so nett und zog
den Mann hervor vom Unimog.
Der Mann hat sich doch selbst betrogen,
denn hätte er den Hund erzogen,
so wäre er nicht hingeflogen
samt Leine und in Bausch und Bogen.

Sechs Siebenschläfer

Sechs Siebenschläfer geben Acht,
dass sie die Uhr auch seh'n.
Nach neun Stunden Schlaf um zehn,
das haben sie bedacht,
Ist keine Zeit, neu aufzusteh'n.
Sie wollen weiter träumen
von Früchten in den Bäumen,
die ihnen der tiefe Schlaf beschert.
Und das ist nicht verkehrt,
denn, wenn sie erst mal wach sind,
verschlafen und noch schwach sind,
sagt ihnen dieser Baum:
Das Ganze war ein Traum.

Die Fliege

Eine Fliege, schwarz und groß,
setzt sich glatt auf meinen Schoß.
Da ich das nicht leiden kann,
bitt' ich meinen lieben Mann:
Schatz hol' mal die Fliegenklatsche
und schlag' dieses Vieh zu Matsche.

Er sagt: Schatz, wie soll ich's machen?
Verschmutze dir die ganzen Sachen
und obendrein tut dir das weh,
was ich auch mit Schmerzen seh',
sitzt sie doch auf deinem Schoß,
dick und fett und schwarz und groß.

Ja, das stimmt, mein lieber Mann,
denk nach, wie man das machen kann,
dass wir sie von hier vertreiben
und ihr eine überreiben
und erwischen, so dass wir
uns erlösen von dem Tier.

Da fliegt sie auf und schwirrt umher,
zunächst sehn wir sie gar nicht mehr,
doch dort, jetzt, auf der Lampenkante,
der Lampe von der Patentante,
da sitzt sie drauf und macht sich dick,
wir kriegen dich, du blödes Stück!

Mein Mann geht hin und kreist sie ein,
die wird doch wohl zu kriegen sein!
Im Zickzack summt sie hin und her,
das Fangen ist ja gar zu schwer,
er haut die Lampe in zwei Stücke,
kaputt ist sie, zu unserm Glücke!

Die Fliege ist zugleich entflogen,
dafür sind wir ihr sehr gewogen,
ist doch die Lampe mit der Kante
der ungeliebten Patentante
nun endlich weg und nicht zu kleben:
Hoch soll die schwarze Fliege leben!

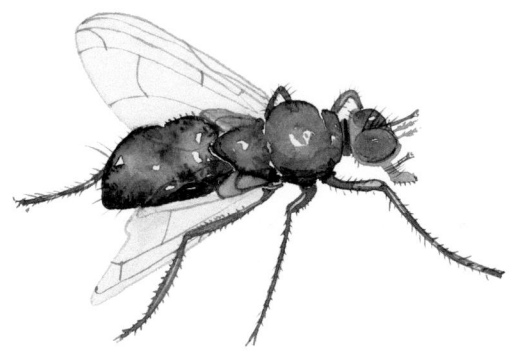

Der Rabe

Wenn wir beide segeln geh'n,
lassen wir die Schuhe steh'n
am Kai dann, bis wir wiederkommen;
sie wurden niemals weggenommen.

Doch einmal kommen wir zurück
da fehlt ein solches gutes Stück.
Was ist denn das jetzt für ein Schmu,
wozu braucht einer einen Schuh?

Und da, drei Meter weiter, seh'n
wir 'n Raben mit dem Schlorren steh'n!
Ja, gibst du wohl den Schuh zurück,
du diebisch freches Vogelstück!

Er kräht uns an, als will er sagen:
wie kann man solche Schuhe tragen!
Er schnappt ihn sich, schmeißt ihn umher,
um ein Haar fällt der Schuh ins Meer!

Das Tier ist groß, lehnt sich zurück
und sieht uns an mit wildem Blick,
er motzt und meckert, scharrt im Dreck,
da reiß ich ihm den Schuh schnell weg.

Jetzt kräht er laut und ganz beleidigt,
hat er doch seinen Schuh verteidigt,
nur einmal kurz im Dreck gekratzt
und so sein Diebesgut verpatzt.

Mit diesem diebischen Gehabe
ward' er zur Elster, dieser Rabe.